Impressum
Verlag: BABADADA GmbH, Nedderfeld 112 , 22529 Hamburg
Geschäftsführer / Verlagsleitung: Harald Hof
Druck: Books on Demand GmbH, In de Tarpen 42, 22848 Norderstedt

Imprint
Publisher: BABADADA GmbH, Nedderfeld 112 , 22529 Hamburg, Germany
Managing Director / Publishing direction: Harald Hof
Print: Books on Demand GmbH, In de Tarpen 42, 22848 Norderstedt

koulu

la escuela

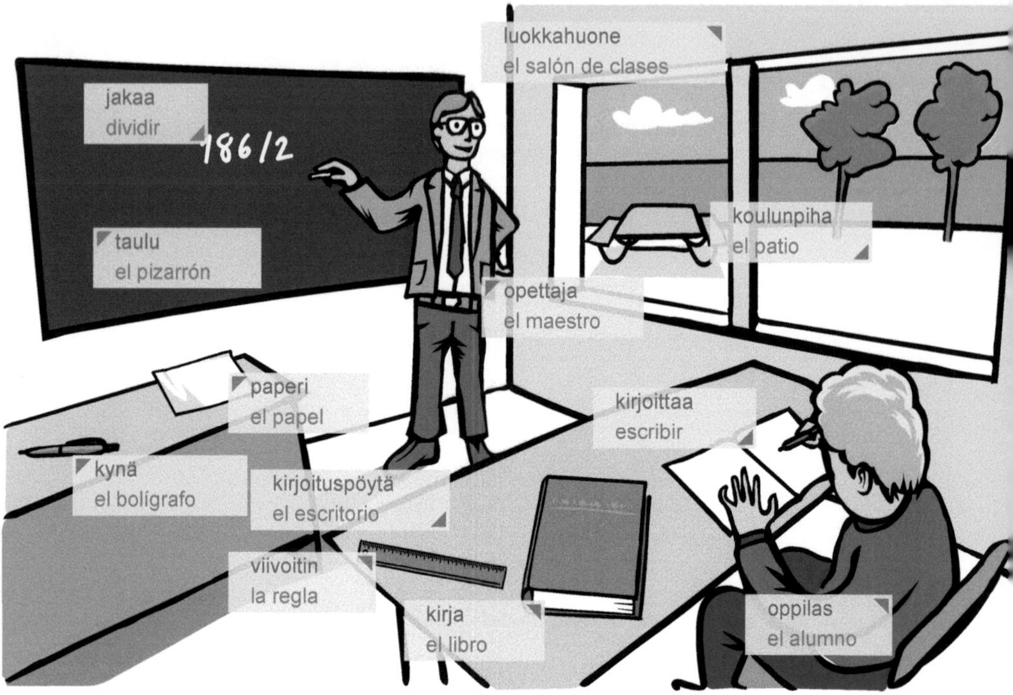
luokkahuone
el salón de clases
jakaa
dividir
186/2
taulu
el pizarrón
koulunpiha
el patio
opettaja
el maestro
paperi
el papel
kirjoittaa
escribir
kynä
el bolígrafo
kirjoituspöytä
el escritorio
viivoitin
la regla
kirja
el libro
oppilas
el alumno

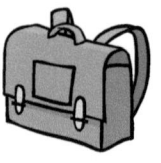

reppu

la mochila

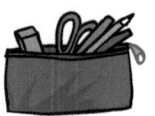

penaali

la caja de lápices

lyijykynä

el lápiz

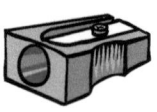

kynänteroitin

el sacapuntas

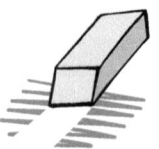

pyyhekumi

la goma de borrar

piirustuslehtiö

el bloc de dibujo

piirustus

el dibujo

pensseli

el pincel

vesivärit

la caja de lápices de color

sakset

las tijeras

liima

el pegamento

harjoituskirja

el libro de ejercicios

kotitehtävä

la tarea

luku

el número

2+2

lisätä

sumar

5-2

vähentää

restar

kertoa

multiplicar

laskea

calcular

A

kirjain

la letra

ABCDEFG
HIJKLMN
OPQRSTU
VWXYZ

aakkoset

el alfabeto

sana

la palabra

teksti

el texto

lukea

leer

liitu

la tiza

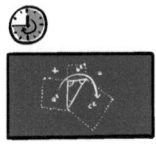

oppitunti

la lección

opettajan muistikirja

el cuaderno de clase

koe

el examen

todistus

el certificado

koulupuku

el uniforme

koulutus

la educación

sanakirja

la enciclopedia

yliopisto

la universidad

mikroskooppi

el microscopio

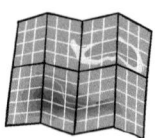

kartta

el mapa

roskakori

el bote de basura

matka
el viaje

hotelli
el hotel
Grand
retkeilymaja
el hostel
ROOMS
rahanvaihto
la casa de cambio
EXCHANGE
matkalaukku
la maleta
auto
el carro

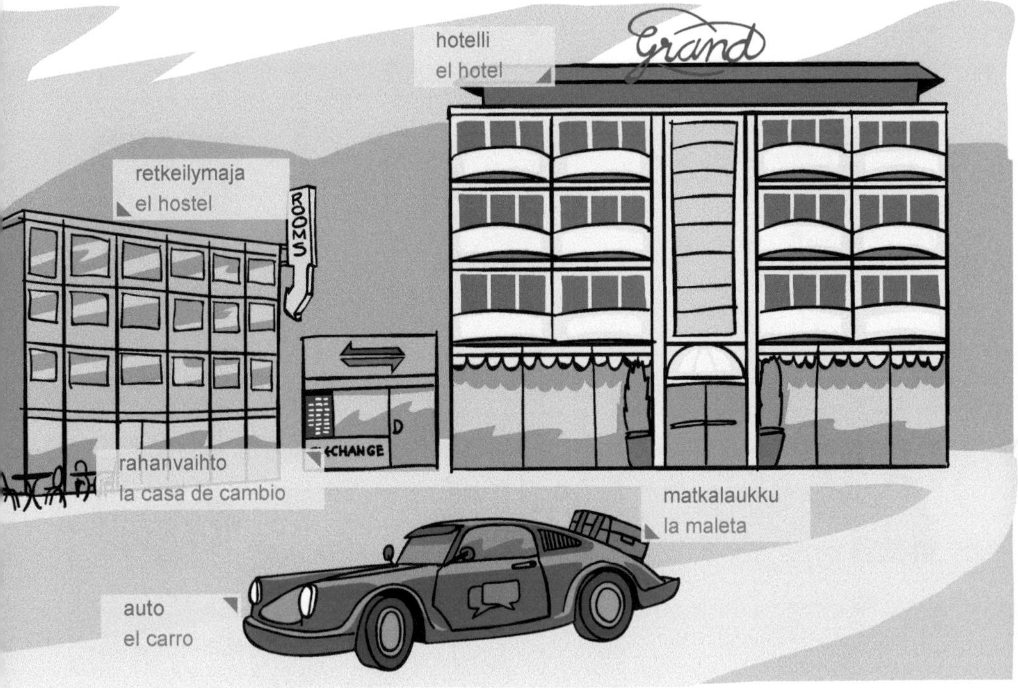

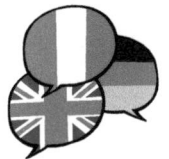

kieli

el idioma

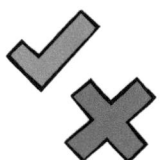

kyllä / ei

sí / no

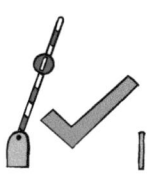

selvä

Órale

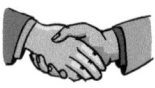

hei

hola

tulkki

el traductor

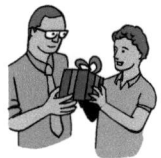

kiitos

Gracias

Paljonko...maksaa?

¿cuánto cuesta...?

en ymmärrä

No entiendo

ongelma

el problema

Hyvää iltaa!

¡Buenas tardes!

Hyvää huomenta!

¡Buenos días!

Hyvää yötä!

¡Buenas noches!

näkemiin

adiós

suunta

la dirección

matkatavarat

el equipaje

laukku

la bolsa

reppu

la mochila

vieras

el invitado

huone

la recámara

makuupussi

la bolsa de dormir

teltta

la tienda de campaña

turisti-info

la información turística

ranta

la playa

luottokortti

la tarjeta de crédito

aamupala

el desayuno

lounas

el almuerzo

päivällinen

la cena

matkalippu

el billete

hissi

el ascensor

postimerkki

el sello

raja

la frontera

tulli

la aduana

suurlähetystö

la embajada

viisumi

la visa

passi

el pasaporte

kuljetus

el transporte

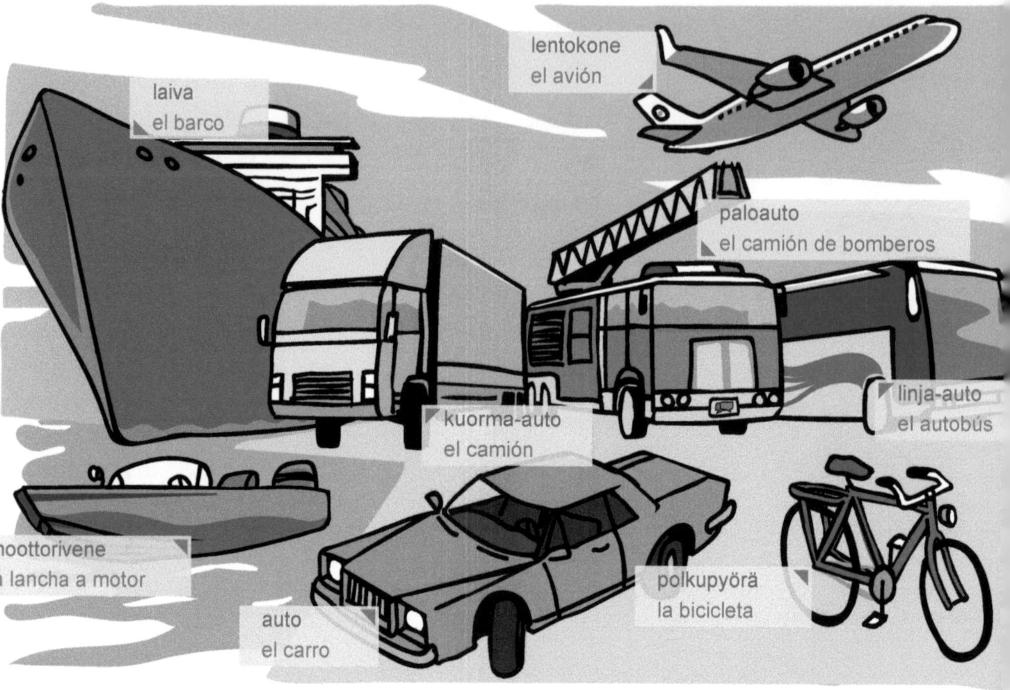

lentokone
el avión
laiva
el barco
paloauto
el camión de bomberos
kuorma-auto
el camión
linja-auto
el autobús
moottorivene
la lancha a motor
polkupyörä
la bicicleta
auto
el carro

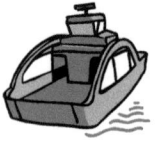

lautta

el ferry

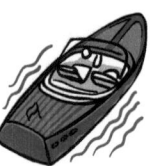

vene

el bote

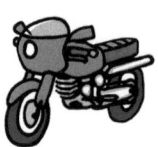

moottoripyörä

la motocicleta

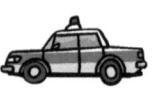

poliisiauto

la patrulla

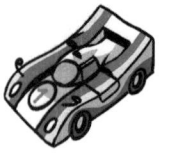

kilpa-auto

el coche de carreras

vuokra-auto

el auto para rentar

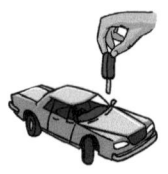

car sharing

la renta de autos

hinausauto

la grúa

roska-auto

el camión recolector de basura

moottori

el motor

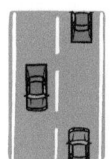

polttoaine

la gasolina

huoltoasema

la gasolinera

liikennemerkki

la señal de tráfico

liikenne

el tránsito

ruuhka

el embotellamiento

parkkipaikka

el aparcamiento

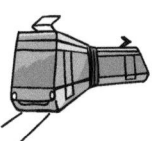

rautatieasema

la estación de tren

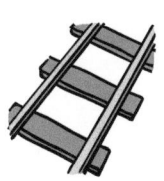

raiteet

las vías

juna

el tren

raitiovaunu

el tranvía

vaunu

el vagón

helikopteri

el helicóptero

lentokenttä

el aeropuerto

lähilennonjohto

la torre

matkustaja

el pasajero

kontti

el contenedor

pahvilaatikko

la caja de cartón

kärryt

la carretilla

kori

la cesta

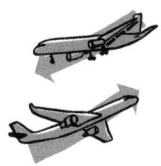

nousta / laskea

despegar / aterrizar

kaupunki
la ciudad

kylä

el pueblo

keskusta

el centro de la ciudad

talo

la casa

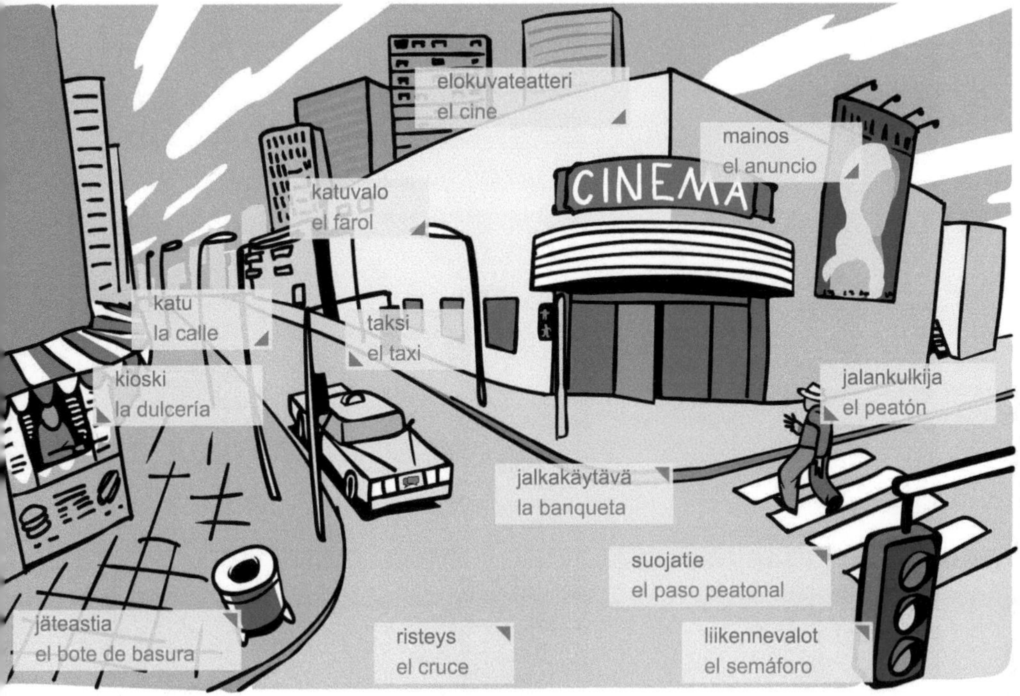

elokuvateatteri
el cine

mainos
el anuncio

katuvalo
el farol

katu
la calle

taksi
el taxi

kioski
la dulcería

jalankulkija
el peatón

jalkakäytävä
la banqueta

suojatie
el paso peatonal

jäteastia
el bote de basura

risteys
el cruce

liikennevalot
el semáforo

CINEMA

mökki
....
la cabaña

kerrostalo
....
el apartamento

rautatieasema
....
la estación de tren

kaupungintalo
....
el ayuntamiento

museo
....
el museo

koulu
....
la escuela

yliopisto

la universidad

pankki

el banco

sairaala

el hospital

hotelli

el hotel

apteekki

la farmacia

toimisto

la oficina

kirjakauppa

la librería

liike

la tienda

kukkakauppa

la florería

supermarketti

el supermercado

tori

el mercado

tavaratalo

las grandes tiendas

kalakauppias

la pescadería

ostoskeskus

el centro comercial

satama

el puerto

puisto

el parque

penkki

el banco

silta

el puente

portaat

las escaleras

metro

el metro

tunneli

el túnel

linja-autopysäkki

la parada de autobús

baari

el bar

ravintola

el restaurante

postilaatikko

el buzón

katukyltti

el letrero

parkkimittari

el parquímetro

eläintarha

el zoológico

uimala

la alberca

moskeija

la mezquita

maatila

la granja

ympäristön saastuminen

la contaminación

hautausmaa

el cementerio

kirkko

la iglesia

leikkikenttä

el área de niños

temppeli

el templo

maisema
el paisaje

lehti
la hoja

tienviitta
la señal

tie
el camino

niitty
la pradera

kivi
la piedra

retkeilijä
el caminante

puu
el árbol

joki
el río

ruoho
el pasto

kukka
la flor

laakso

el valle

vuori

la montaña

järvi

el lago

metsä

el bosque

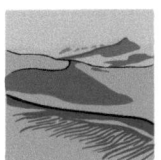

aavikko

el desierto

tulivuori

el volcán

linna

el castillo

sateenkaari

el arco iris

sieni

el champiñón

palmu

la palmera

hyttynen

el mosquito

kärpänen

la mosca

muurahainen

la hormiga

mehiläinen

la abeja

hämähäkki

la araña

kovakuoriainen

el escarabajo

sammakko

la rana

orava

la ardilla

siili

el erizo

jänis

la liebre

pöllö

la lechuza

lintu

el pájaro

joutsen

el cisne

villisika

el jabalí

peura

el ciervo

hirvi

el alce

pato

el embalse

tuulimylly

la turbina eólica

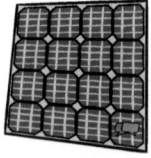

aurinkopaneeli

el panel solar

ilmasto

el clima

ravintola
el restaurante

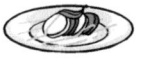

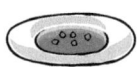

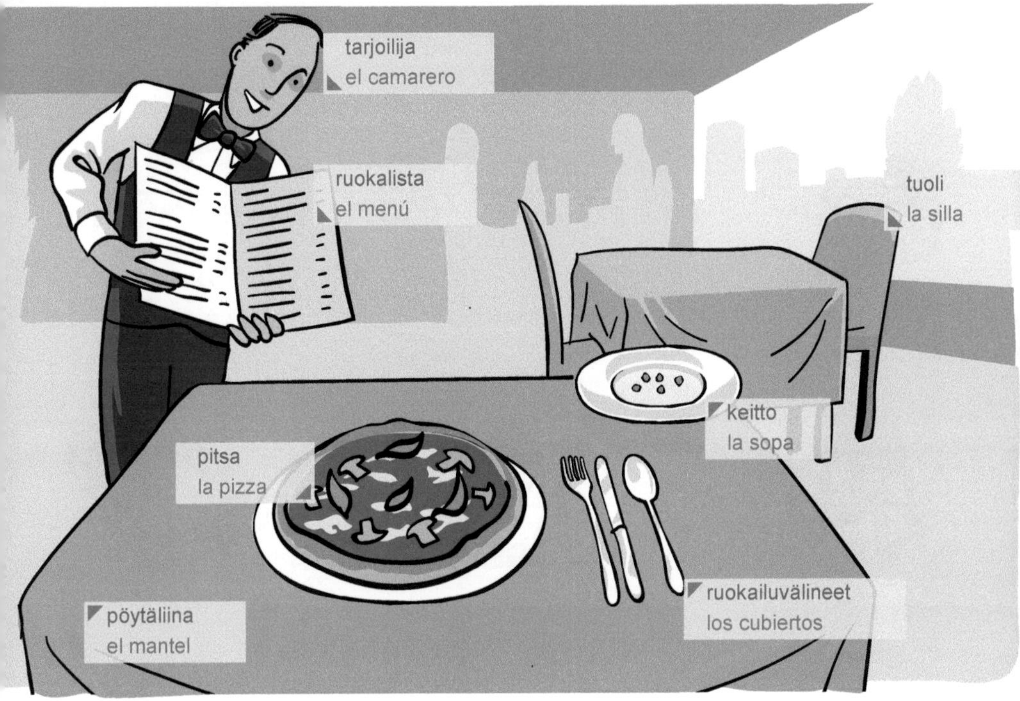
tarjoilija
el camarero
ruokalista
el menú
tuoli
la silla
keitto
la sopa
pitsa
la pizza
ruokailuvälineet
los cubiertos
pöytäliina
el mantel

alkuruoka

la entrada

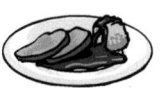

pääruoka

el plato fuerte

jälkiruoka

el postre

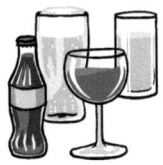

juomat

las bebidas

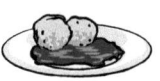

ruoka

la comida

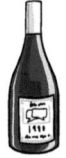

pullo

la botella

pikaruoka

la comida rápida

katuruoka

la comida de la calle

teekannu

la tetera

sokeriastia

la azucarera

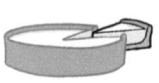

annos

la porción

espressokeitin

la cafetera espresso

syöttötuoli

la periquera

lasku

la cuenta

tarjotin

la charola

veitsi

el cuchillo

haarukka

el tenedor

lusikka

la cuchara

teelusikka

la cuchara de té

servietti

la servilleta

lasi

el vaso

lautanen
el plato

syvä lautanen
el plato hondo

aluslautanen
el plato

kastike
la salsa

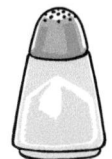

suolasirotin
el salero

pippurimylly
el molino para pimienta

etikka
el vinagre

öljy
el aceite

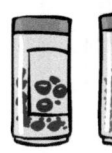

mausteet
las especias

ketsuppi
el kétchup

sinappi
la mostaza

majoneesi
la mayonesa

supermarketti

el supermercado

tarjous
la oferta especial
FOR
asiakas
el cliente
maitotuotteet
los productos lácteos
hedelmät
la fruta
ostoskärryt
el carrito para compras

BUTCHERS

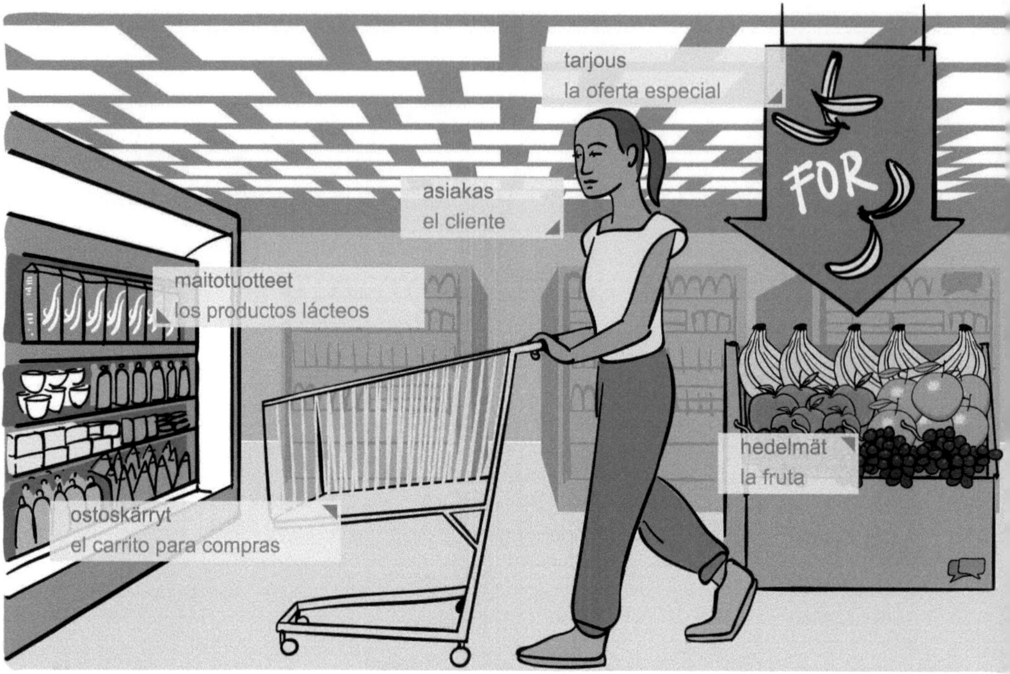

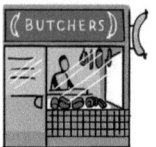

teurastamo

la carnicería

BAKERY

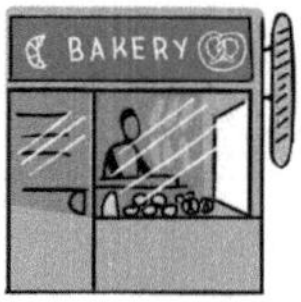

leipomo

la panadería

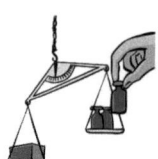

punnita

pesar

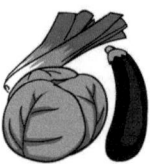

kasvikset

los vegetales

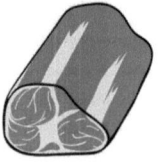

liha

la carne

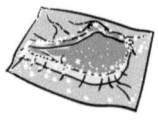

pakasteet

los alimentos congelados

leikkele

las carnes frías

säilykkeet

los alimentos enlatados

pesujauhe

el detergente en polvo

makeiset

los dulces

kotitaloustarvikkeet

los electrodomésticos

puhdistusaineet

productos de limpieza

myyjä

la vendedora

kassa

la caja

kassanhoitaja

el cajero

ostoslista

la lista de compras

aukioloajat

el horario de atención al público

lompakko

la cartera

luottokortti

la tarjeta de crédito

kassi

la bolsa

muovipussi

la bolsa de plástico

vesi

el agua

mehu

el jugo

maito

la leche

kokis

el refresco de cola

viini

el vino

olut

la cerveza

alkoholi

el alcohol

kaakao

el cacao

tee

el té

kahvi

el café

espresso

el espresso

cappuccino

el cappuccino

banaani

el plátano

omena

la manzana

appelsiini

la naranja

meloni

el melón

sitruuna

el limón

porkkana

la zanahoria

valkosipuli

el ajo

bambu

el bambú

sipuli

la cebolla

sieni

el champiñón

pähkinät

las nueces

spagetti

los fideos

spagetti

los espaguetis

riisi

el arroz

salaatti

la ensalada

ranskalaiset

las patatas fritas

paistetut perunat

las patatas fritas

pitsa

la pizza

hampurilainen

la hamburguesa

voileipä

el emparedado

leike

el filete

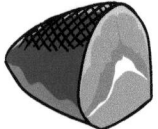

kinkku

el jamón

salami

el salami

makkara

la salchicha

kana

el pollo

paisti

el asado

kala

el pescado

kaurahiutaleet

los copos de avena

mysli

el muesli

murot

los copos de maíz

jauho

la harina

voisarvi

el cuernito

sämpylä

el bolillo

leipä

el pan

paahtoleipä

la tostada

keksit

las galletas

voi

la mantequilla

rahka

la cuajada

kakku

el pastel

kananmuna

el huevo

paistettu kananmuna

el huevo frito

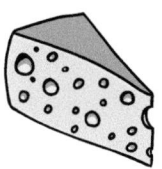

juusto

el queso

jäätelö

el helado

sokeri

el azúcar

hunaja

la miel

hillo

la mermelada

suklaapähkinälevite

la crema de chocolate

curry

el curry

maatila
la granja

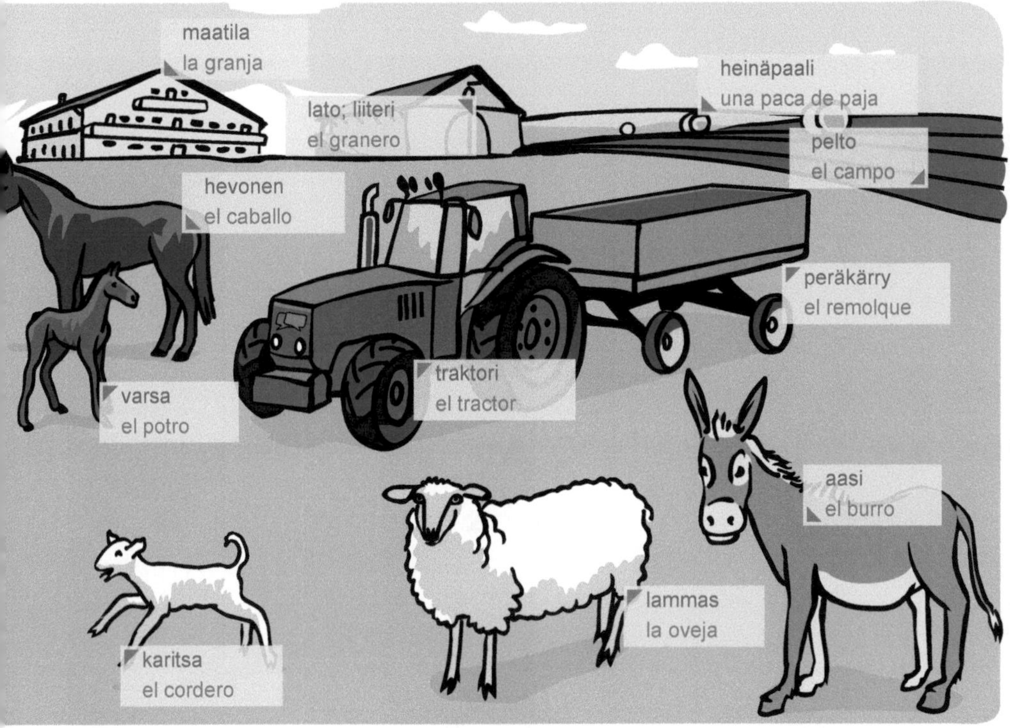
maatila
la granja
lato; liiteri
el granero
heinäpaali
una paca de paja
pelto
el campo
hevonen
el caballo
peräkärry
el remolque
traktori
el tractor
varsa
el potro
aasi
el burro
lammas
la oveja
karitsa
el cordero

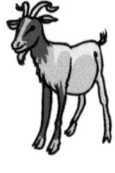

vuohi

la cabra

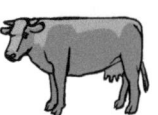

lehmä

la vaca

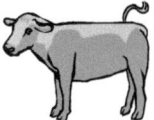

vasikka

el ternero

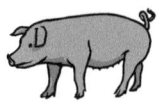

sika

el cerdo

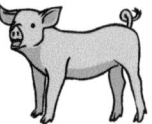

porsas

el lechón

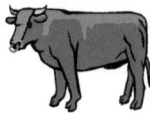

sonni

el toro

hanhi

el ganso

ankka

el pato

tipu

el pollo

kana

la gallina

kukko

el gallo

rotta

la rata

kissa

el gato

hiiri

el ratón

härkä

el buey

koira

el perro

koirankoppi

la casa del perro

puutarhaletku

la manguera

kastelukannu

la regadera

viikate

la guadaña

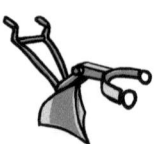

aura

el arado

sirppi

la hoz

kuokka

el azadón

talikko

la horquilla

kirves

el hacha

kottikärryt

la carretilla

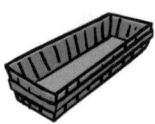

kaukalo

el bebedero

maitokannu

el bote de leche

säkki

el saco

aita

la valla

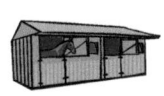

talli

el establo

kasvihuone

el invernadero

maa

el suelo

siemen

la semilla

lannoite

el fertilizador

leikkuupuimuri

la cosechadora

kerätä sato

cosechar

sato

la cosecha

jamssit

el camote

vehnä

el trigo

soija

la soja

peruna

la patata

maissi

el maíz

rypsi

la semilla de colza

hedelmäpuu

el árbol frutal

maniokki

la mandioca

vilja

las cereales

talo
la casa

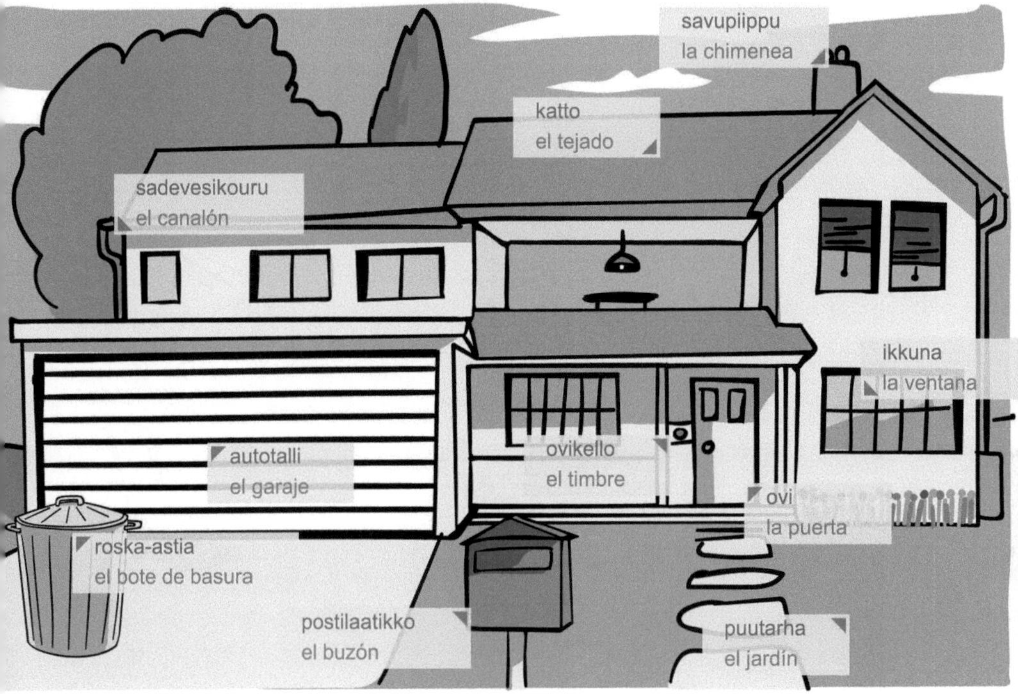

savupiippu
la chimenea
katto
el tejado
sadevesikouru
el canalón
ikkuna
la ventana
autotalli
el garaje
ovikello
el timbre
ovi
la puerta
roska-astia
el bote de basura
postilaatikko
el buzón
puutarha
el jardín

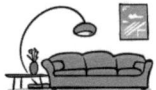

olohuone
la estancia

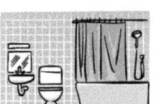

kylpyhuone
el baño

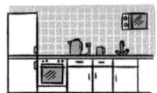

keittiö
la cocina

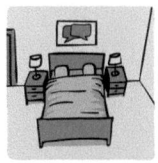

makuuhuone
la recámara

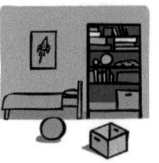

lastenhuone
la recámara de los niños

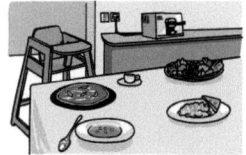

ruokahuone
el comedor

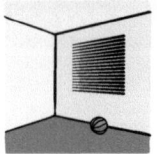

lattia
el suelo

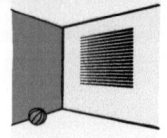

seinä
la pared

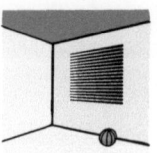

katto
el techo

kellari
el sótano

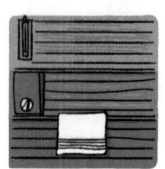

sauna
el sauna

parveke
el balcón

terassi
la terraza

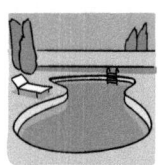

uima-allas
la alberca

ruohonleikkuri
el cortacésped

lakana
la sábana

päiväpeitto
la colcha

sänky
la cama

harja
la escoba

ämpäri
el balde

katkaisin
el interruptor

olohuone
la estancia

tapetti
el papel para empapelar
kuva
la imagen
lamppu
la lámpara
hylly
el estante
kaappi
la alacena
televisio
la televisión
takka
la chimenea
kukka
la flor
tyyny
el cojín
sohva
el sofá
maljakko
el florero
kaukosäädin
el control remoto

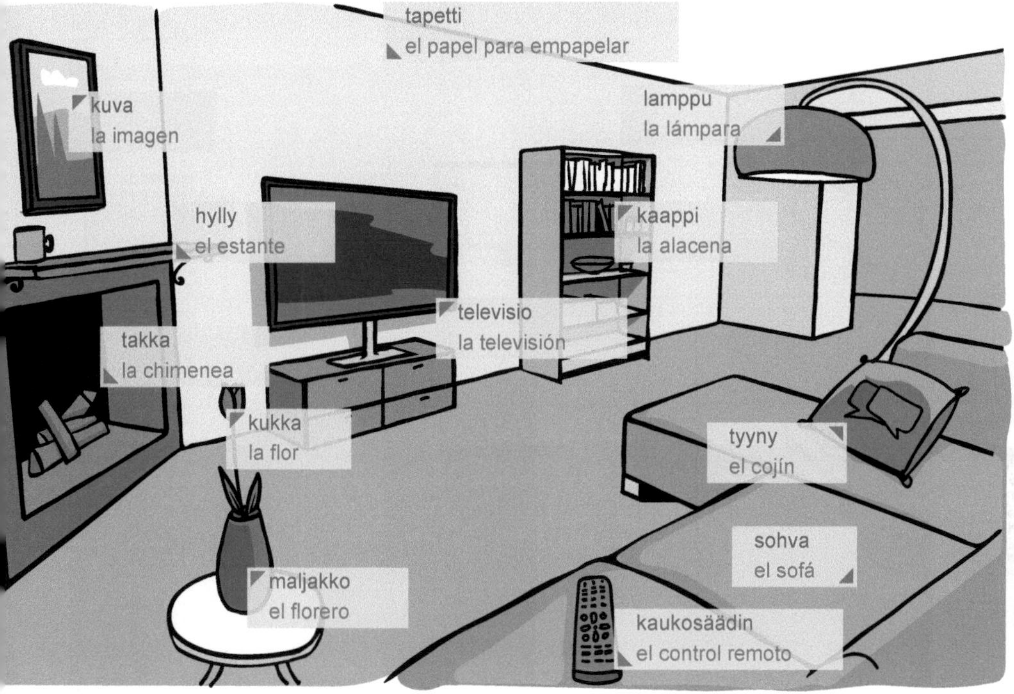

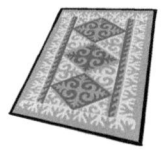

matto
la alfombra

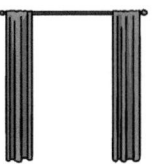

verho
la cortina

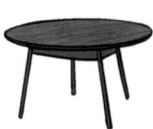

pöytä
la mesa

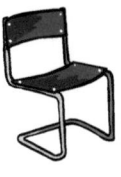

tuoli
la silla

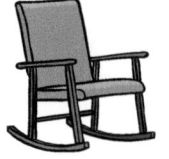

keinutuoli
la mecedora

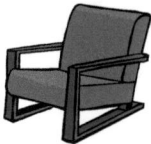

nojatuoli
el sillón

kirja

el libro

peitto

la frazada

koriste

la decoración

polttopuut

la leña

elokuva

la película

stereot

el equipo de música

avain

la llave

sanomalehti

el periódico

maalaus

la pintura

juliste

el póster

radio

la radio

muistivihko

el cuaderno

pölynimuri

la aspiradora

kaktus

el cactus

kynttilä

la vela

keittiö
la cocina

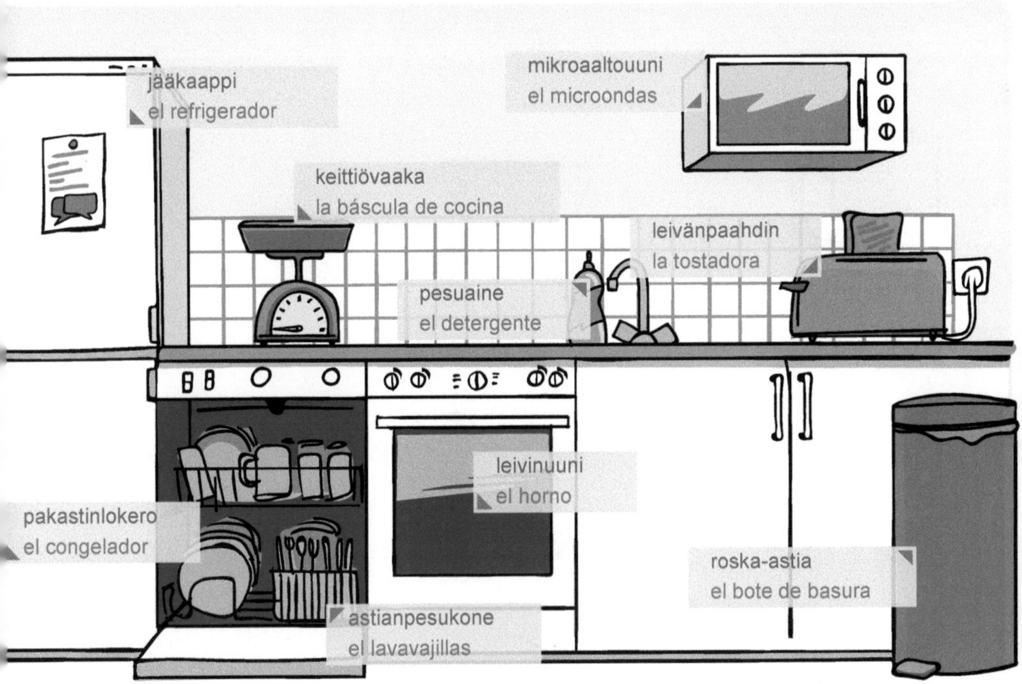

jääkaappi
el refrigerador
mikroaaltouuni
el microondas
keittiövaaka
la báscula de cocina
leivänpaahdin
la tostadora
pesuaine
el detergente
leivinuuni
el horno
pakastinlokero
el congelador
roska-astia
el bote de basura
astianpesukone
el lavavajillas

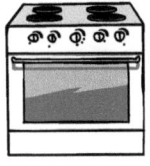

liesi

la olla a presión

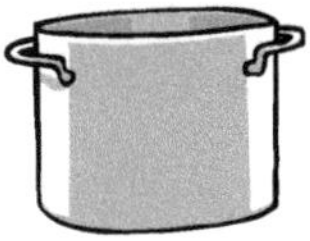

kattila

la olla

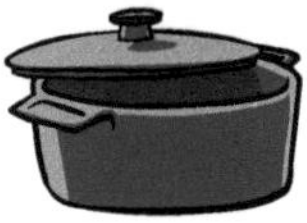

rautapata

la olla de hierro fundido

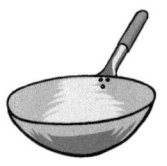

vokkipannu / kadai-pannu

el wok

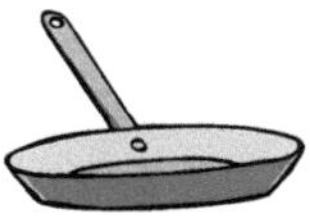

paistinpannu

la sartén

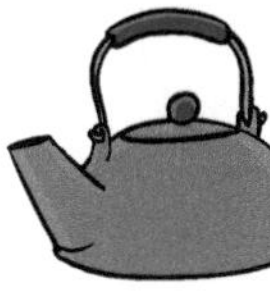

teepannu

el hervidor

höyrykeitin

la vaporera

uunipelti

la charola de horno

astiat

la loza

muki

la taza

kulho

el bol

syömäpuikot

los palillos

kauha

el cucharón

paistinlasta

la espátula

vispilä

la batidora

siivilä

el colador

siivilä

el colador

raastin

el rallador

mortteli

el mortero

grilli

la barbacoa

avotuli

la fogata

leikkuulauta

la tabla para picar

kaulin

el rodillo para amasar

korkinavaaja

el sacacorchos

purkki

la lata

purkinavaaja

el abrelatas

pannulappu

el guante de cocina

lavuaari

el fregadero

tiskiharja

el cepillo

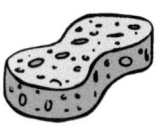

pesusieni

la esponja

tehosekoitin

la batidora

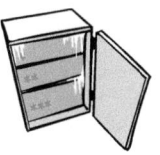

pakastin

el congelador

tuttipullo

el biberón

vesihana

la llave

kylpyhuone

el baño

lämmitys
la calefacción
suihku
la ducha
pyyhe
la toalla
suihkuverho
la cortina de la ducha
vaahtokylpy
el baño de espuma
kylpyamme
la tina
lasi
el vaso
pesukone
la lavadora
vesihana
la llave
kaakelit
las baldosas
potta
la bacinica
lavuaari
el fregadero

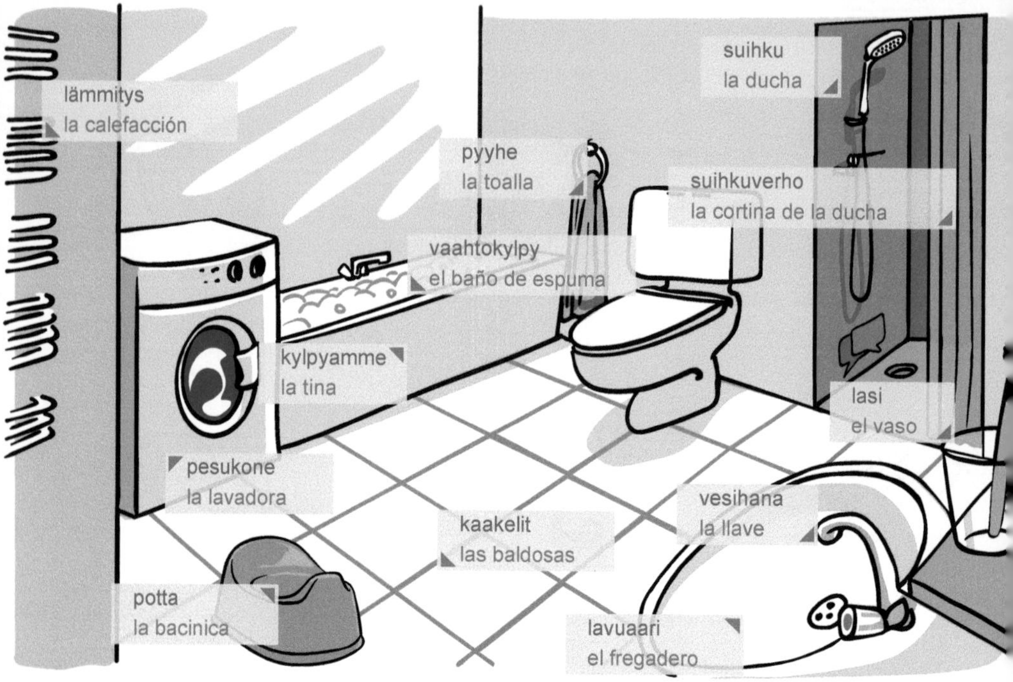

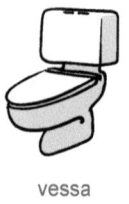

vessa

el inodoro

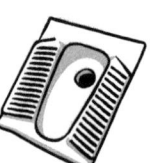

kyykkyvessa

la letrina

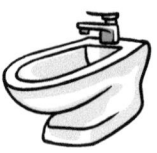

bidee

el bidé

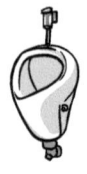

pisuaari

el mingitorio

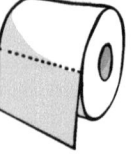

vessapaperi

el papel higiénico

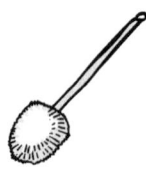

vessaharja

el cepillo para baño

hammasharja

el cepillo de dientes

hammastahna

la pasta dental

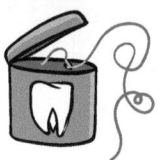

hammaslanka

el hilo dental

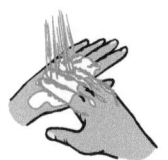

pestä

lavar

käsisuihku

la ducha de mano

intiimisuihku

la ducha vaginal

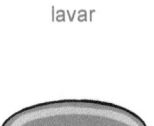

pesuvati

el fregadero

selkäharja

el cepillo de espalda

saippua

el jabón

suihkugeeli

el gel de ducha

shampoo

el champú

pesulappu

la toallita

viemäri

el drenaje

voide

la crema

deodorantti

el desodorante

peili

el espejo

käsipeili

el espejo de tocador

partaveitsi

la máquina para afeitar

partavaahto

la espuma de afeitar

partavesi

la loción para después de afeitar

kampa

el peine

harja

el cepillo

hiustenkuivaaja

la secadora

hiuslakka

la laca

meikki

el maquillaje

huulipuna

el lápiz labial

kynsilakka

el esmalte para uñas

pumpuli

el algodón

kynsisakset

las tijeras para uñas

hajuvesi

el perfume

kosmetiikkalaukku

estuche para cosméticos

jakkara

el taburete

vaaka

la báscula

kylpytakki

la bata

kumihansikkaat

los guantes de goma

tamponi

el tampón

terveysside

la toalla sanitaria

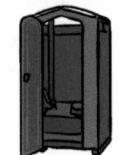

kemiallinen wc

el baño móvil

lastenhuone
la recámara de los niños

herätyskello
el despertador
pehmolelu
el peluche
leikkiauto
el carro de juguete
helistin
la sonaja
nukkekoti
la casa de muñecas
lahja
el regalo

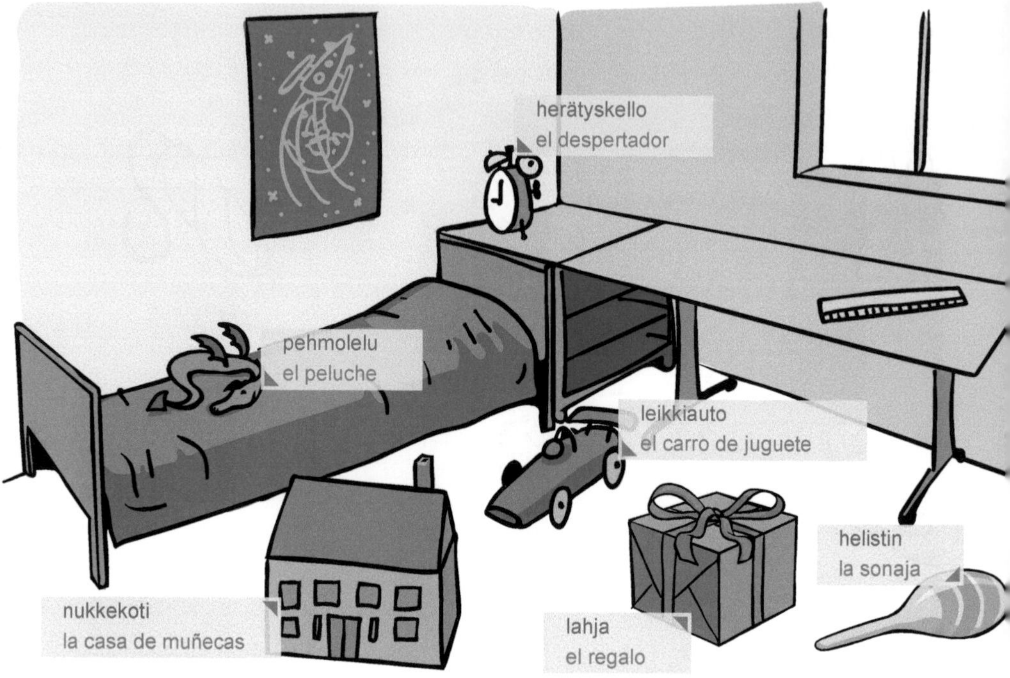

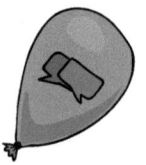

ilmapallo

el globo

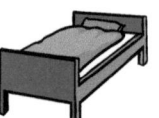

sänky

la cama

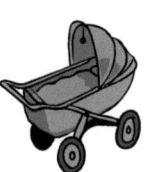

lastenvaunut

la carriola

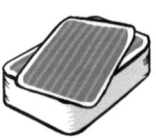

korttipeli

las cartas

palapeli

el rompecabezas

SUPER MEGA

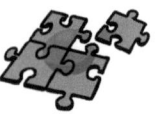

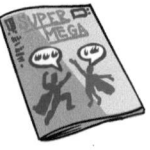

sarjakuva

el cómic

legopalikat

las piezas de lego

rakennuspalikat

los bloques para jugar

supersankari

la figura de acción

potkupuku

el mameluco

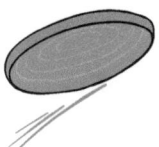

frisbee

el frisbee

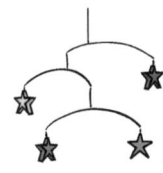

mobile

el móvil para bebés

lautapeli

el juego de mesa

noppa

los dados

pienoisjunarata

el tren eléctrico

tutti

el maniquí

juhlat

la fiesta

kuvakirja

el álbum de fotos

pallo

el balón

nukke

la muñeca

leikkiä

jugar

hiekkalaatikko

el arenero

keinu

el columpio

lelut

los juguetes

pelikonsoli

la consola de videojuegos

kolmipyörä

el triciclo

nalle

el oso de peluche

vaatekaappi

el clóset

vaatteet

la ropa

sukat

los calcetines

nylonsukat

las pantimedias

sukkahousut

las mallas

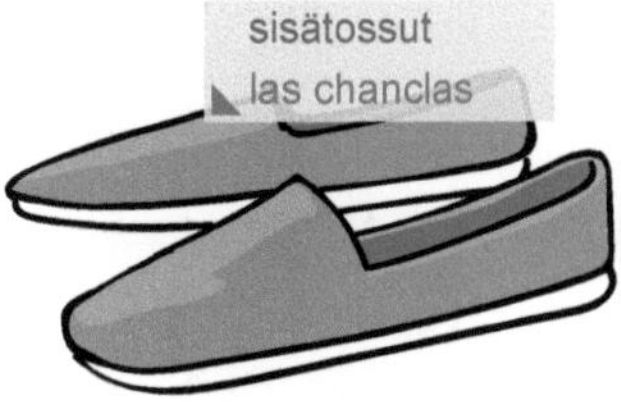

kaulaliina
la bufanda

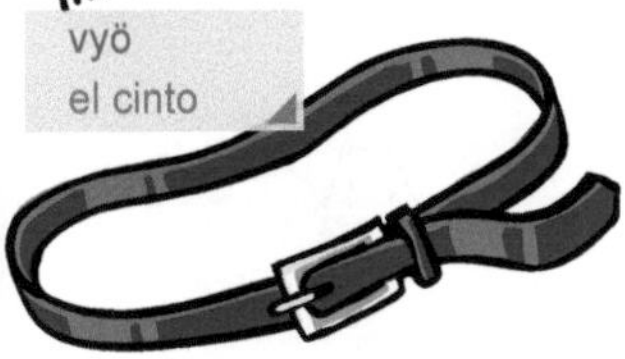

sateenvarjo
el paraguas

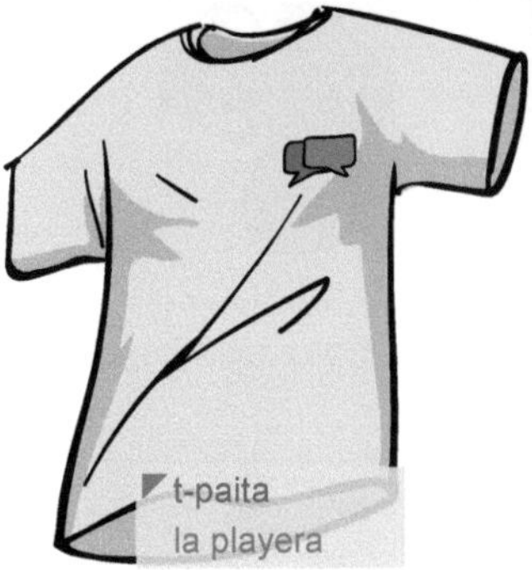

t-paita
la playera

vyö
el cinto

saappaat
las botas

sisätossut
las chanclas

lenkkarit
los tenis

sandaalit

las sandalias

kengät

los zapatos

kumisaappaat

las botas de goma

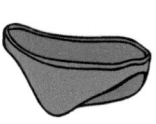

alushousut

la ropa interior

rintaliivit

el brasier

aluspaita

el chaleco

body

el body

housut

los pantalones

farkut

los pantalones de mezclilla

hame

la falda

pusero

la blusa

paita

la camisa

villapaita

el suéter

collegepaita

la sudadera

jakku

el saco sport

takki

la chamarra

takki

el abrigo

sadetakki

el impermeable

puku

el traje

mekko

el vestido

hääpuku

el vestido de novia

puku
el traje

yöpaita
el camisón

pyjama
el pijama

shari
el sari

päähuivi
el pañuelo para la cabeza

turbaani
el turbante

burka
la burka

kaftaani
el caftán

abaya
la abaya

uimapuku
el traje de baño

uimahousut
el short de baño

shortsit
los shorts

verkkarit
los pants

esiliina
el delantal

käsineet
los guantes

vaatteet - la ropa

nappi

el botón

silmälasit

las gafas

rannekoru

el brazalete

kaulakoru

el collar

sormus

el anillo

korvakoru

el arete

lippalakki

la gorra

ripustin

el gancho

hattu

el sombrero

solmio

la corbata

vetoketju

el cierre

kypärä

el casco

henkselit

los tirantes

koulupuku

el uniforme

univormu

el uniforme

ruokalappu

el babero

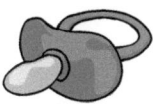

tutti

el maniquí

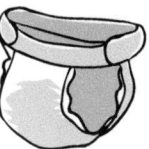

vaippa

el pañal

toimisto
la oficina

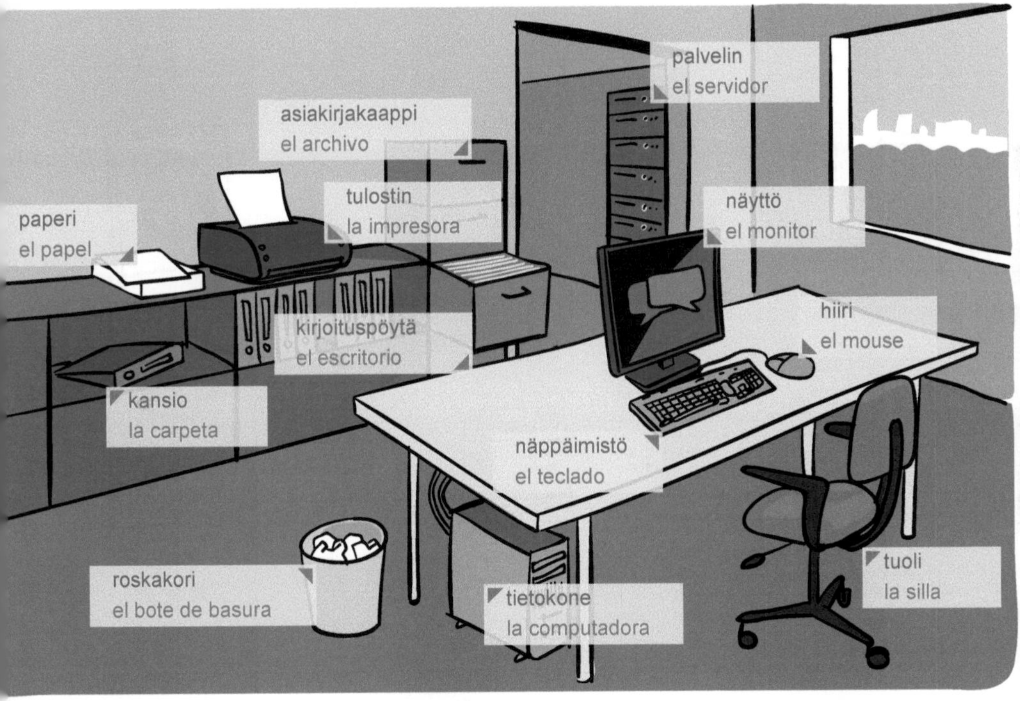

palvelin
el servidor

asiakirjakaappi
el archivo

tulostin
la impresora

näyttö
el monitor

paperi
el papel

hiiri
el mouse

kirjoituspöytä
el escritorio

kansio
la carpeta

näppäimistö
el teclado

roskakori
el bote de basura

tuoli
la silla

tietokone
la computadora

kahvimuki

la taza de café

taskulaskin

la calculadora

internet

el internet

kannettava tietokone

la notebook

kirje

la carta

viesti

el mensaje

kännykkä

el móvil

verkko

la red

kopiokone

la fotocopiadora

ohjelmisto

el software

puhelin

el teléfono

pistorasia

el tomacorriente

faksi

el fax

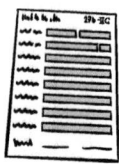

lomake

el formulario

asiakirja

el documento

ostaa
comprar

maksaa
pagar

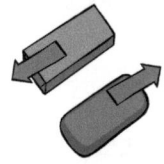

vaihtaa
hacer negocios

raha
el dinero

dollari
el dólar

euro
el euro

jeni
el yen

rupla
el rublo

frangi
el franco suizo

renminbi juan
el yuan

rupia
la rupia

pankkiautomaatti
el cajero automático

rahanvaihto

la casa de cambio

kulta

el oro

hopea

la plata

öljy

el petróleo

energia

la energía

hinta

el precio

sopimus

el contrato

vero

el impuesto

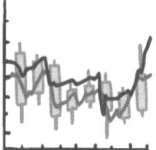

osake

la acción

työskennellä

trabajar

työntekijä

el empleado

työnantaja

el empleador

tehdas

la fábrica

liike

la tienda

ammatit
las ocupaciones

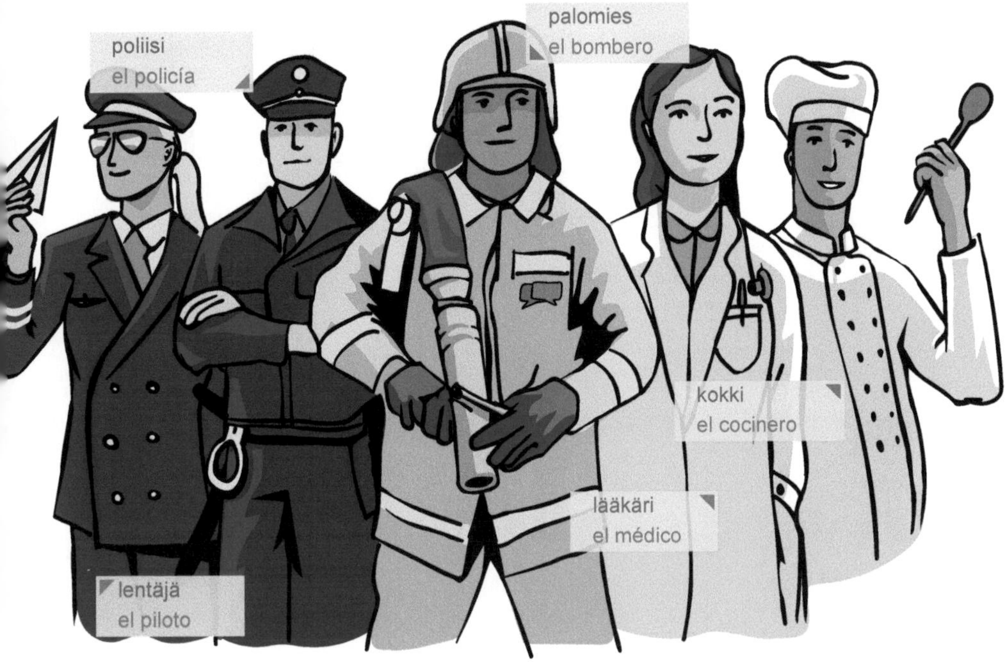
poliisi
el policía
palomies
el bombero
kokki
el cocinero
lääkäri
el médico
lentäjä
el piloto

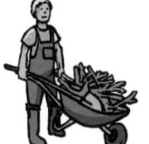

puutarhuri

el jardinero

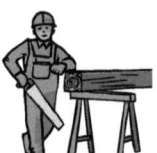

puuseppä

el carpintero

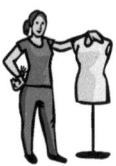

ompelija

la costurera

tuomari

el juez

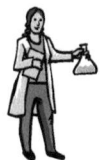

kemisti

el farmacéutico

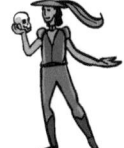

näyttelijä

el actor

linja-autonkuljettaja

el conductor de autobús

taksinkuljettaja

el taxista

kalastaja

el pescador

siivooja

la señora de la limpieza

katontekijä

el instalador de techos

tarjoilija

el camarero

metsästäjä

el cazador

maalari

el pintor

leipuri

el panadero

sähköasentaja

el electricista

rakentaja

el obrero

insinööri

el ingeniero

teurastaja

el carnicero

putkiasentaja

el plomero

postinjakaja

el cartero

ammatit - las ocupaciones

sotilas

el soldado

arkkitehti

el arquitecto

kassanhoitaja

el cajero

floristi

el florista

kampaaja

el peluquero

konduktööri

el cobrador

mekaanikko

el mecánico

kapteeni

el capitán

hammaslääkäri

el dentista

tiedemies

el científico

rabbi

el rabino

imaami

el imán

munkki

el monje

pappi

el sacerdote

työkalut
las herramientas

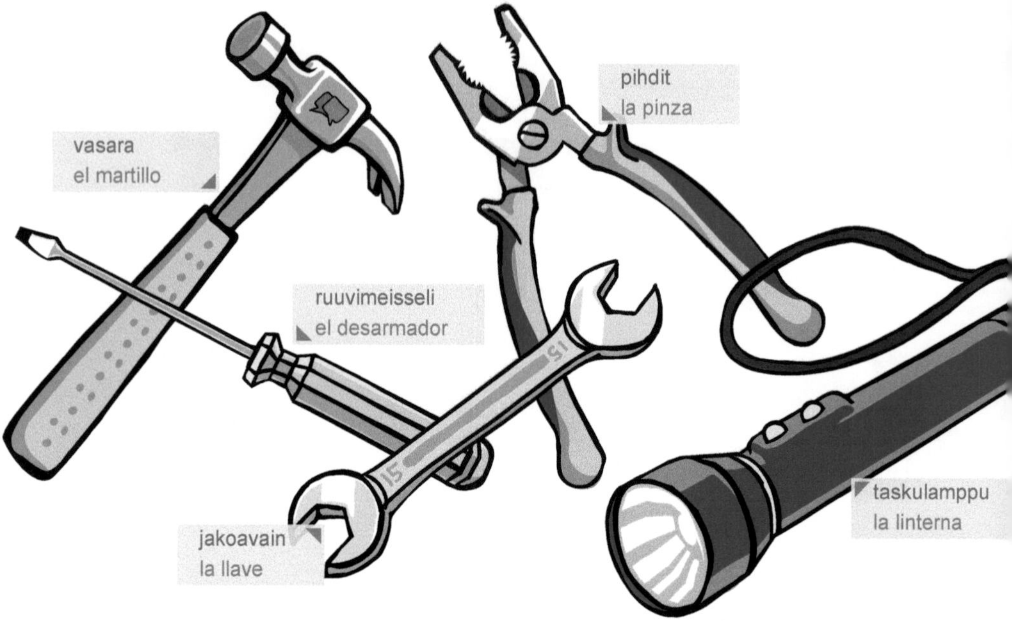

pihdit
la pinza
vasara
el martillo
ruuvimeisseli
el desarmador
taskulamppu
la linterna
jakoavain
la llave

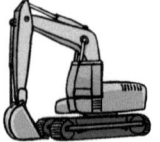

kaivinkone

la excavadora

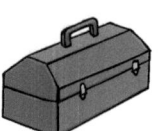

työkalupakki

la caja de herramientas

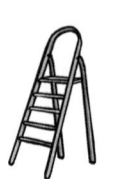

tikkaat

la escalera de mano

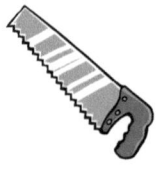

saha

la sierra

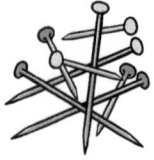

naulat

los clavos

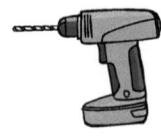

pora

el taladro

korjata
....
reparar

lapio
....
la pala

Hitto!
....
¡Maldición!

rikkalapio
....
el recogedor

maalipurkki
....
el bote de pintura

ruuvit
....
los tornillos

soittimet
los instrumentos musicales

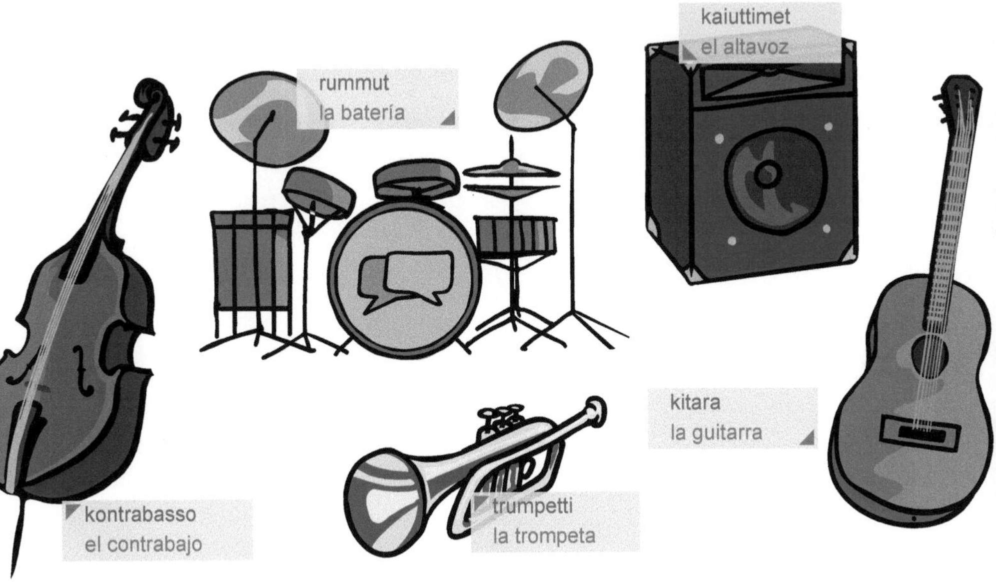

kaiuttimet
el altavoz

rummut
la batería

kitara
la guitarra

kontrabasso
el contrabajo

trumpetti
la trompeta

piano

el piano

viulu

el violín

basso

el bajo

patarummut

los timbales

rumpu

el tambor

kosketinsoitin

el teclado

saksofoni

el saxofón

huilu

la flauta

mikrofoni

el micrófono

eläintarha

el zoológico

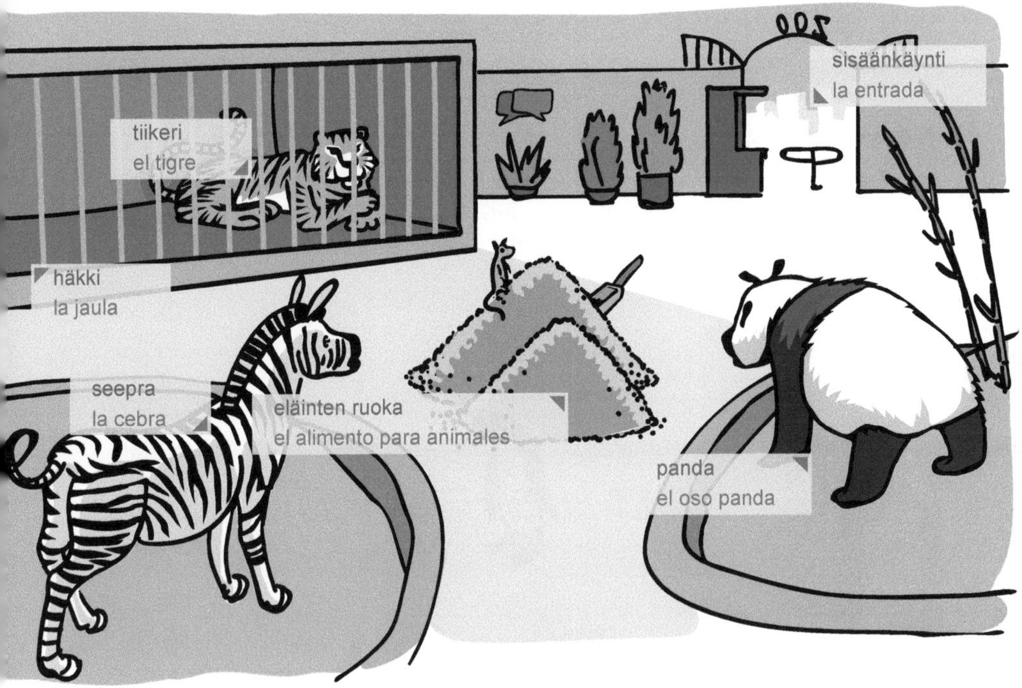

tiikeri
el tigre
sisäänkäynti
la entrada
häkki
la jaula
seepra
la cebra
eläinten ruoka
el alimento para animales
panda
el oso panda

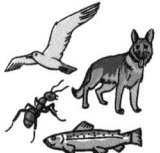

eläimet

los animales

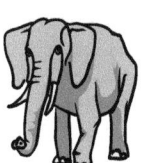

norsu

el elefante

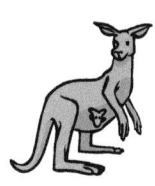

kenguru

el canguro

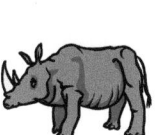

sarvikuono

el rinoceronte

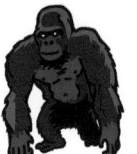

gorilla

el gorila

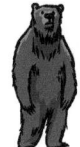

karhu

el oso

kameli

el camello

strutsi

el avestruz

leijona

el león

apina

el mono

flamingo

el flamenco

papukaija

el loro

jääkarhu

el oso polar

pingviini

el pingüino

hai

el tiburón

riikinkukko

el pavo real

käärme

la serpiente

krokotiili

el cocodrilo

eläintarhanhoitaja

el guardián de zoológico

hylje

la foca

jaguaari

el jaguar

poni
el poni

leopardi
el leopardo

virtahepo
el hipopótamo

kirahvi
la jirafa

kotka
el águila

villisika
el jabalí

kala
el pescado

kilpikonna
la tortuga

mursu
la morsa

kettu
el zorro

gaselli
la gacela

amerikkalainen jalkapallo
el fútbol americano

pyöräily
el ciclismo

tennis
el tenis

koripallo
el baloncesto

uinti
la natación

nyrkkeily
el boxeo

jääkiekko
el hockey sobre hielo

jalkapallo
el fútbol

sulkapallo
el bádminton

yleisurheilu
el atletismo

käsipallo
el handball

hiihto
el esquí

poolo
el polo

aktiviteetit
las actividades

nauraa
reír
hypätä
saltar
halata
abrazar
kävellä
caminar
laulaa
cantar
unelmoida
soñar
rukoilla
rezar
suudella
besar

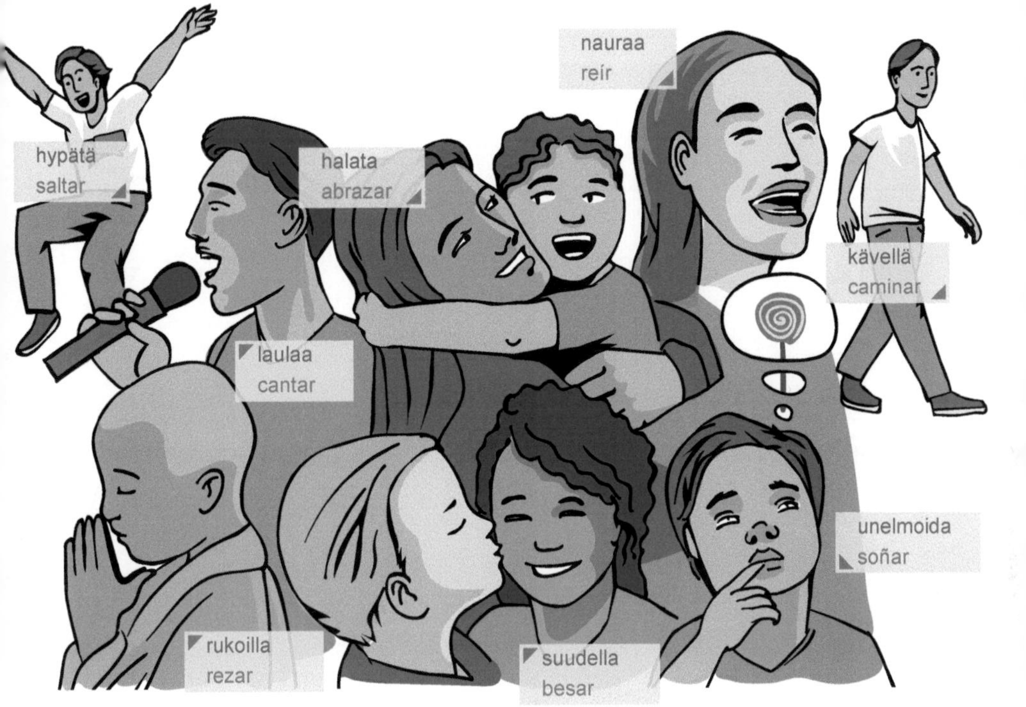

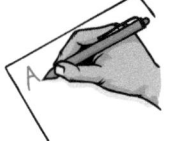

kirjoittaa
escribir

piirtää
dibujar

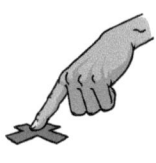

näyttää
mostrar

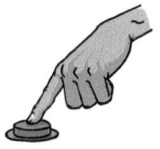

painaa
empujar

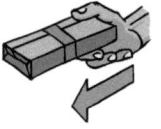

antaa
dar

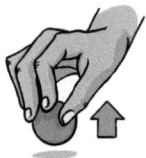

ottaa
tomar

omistaa

tener

tehdä

hacer

olla

ser

seisoa

estar parado

juosta

correr

vetää

jalar

heittää

arrojar

kaatua

caer

maata

estar acostado

odottaa

esperar

kantaa

llevar

istua

estar sentado

pukeutua

vestirse

nukkua

dormir

herätä

despertar

katsoa

mirar

itkeä

llorar

silittää

acariciar

kammata

peinar

puhua

hablar

ymmärtää

entender

kysyä

preguntar

kuunnella

escuchar

juoda

beber

syödä

comer

siivota

ordenar

rakastaa

amar

keittää

cocinar

ajaa

conducir

lentää

volar

purjehtia

navegar

laskea

calcular

lukea

leer

oppia

aprender

työskennellä

trabajar

mennä naimisiin

casarse

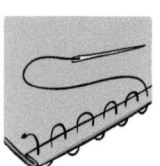

ommella

coser

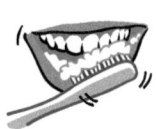

pestä hampaat

cepillarse los dientes

tappaa

matar

tupakoida

fumar

lähettää

enviar

perhe
la familia

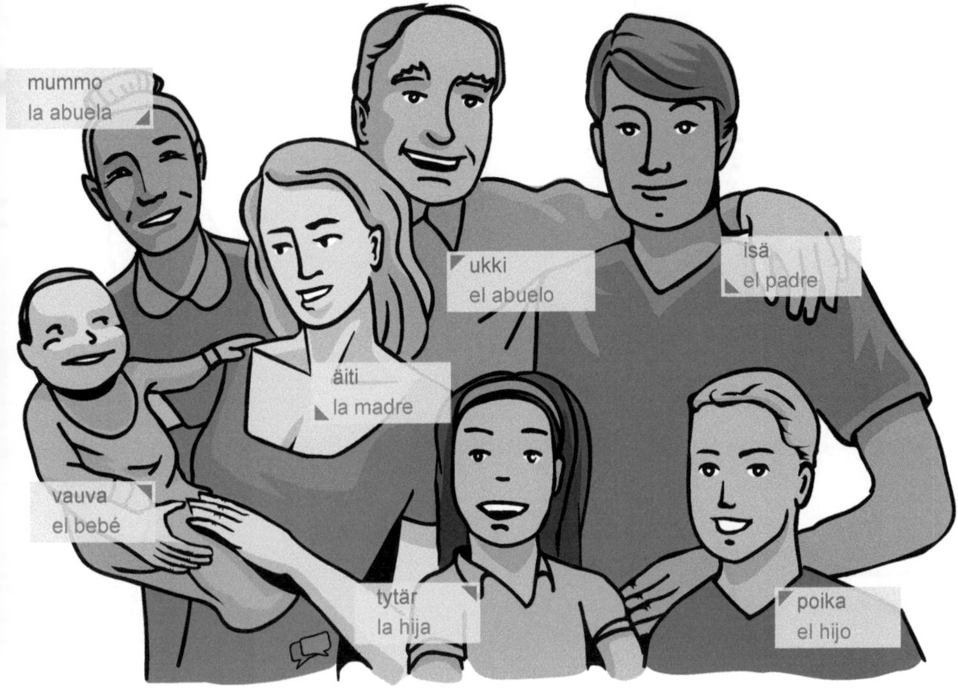
mummo
la abuela
ukki
el abuelo
isä
el padre
äiti
la madre
vauva
el bebé
tytär
la hija
poika
el hijo

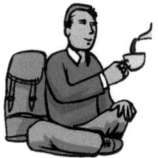

vieras
el invitado

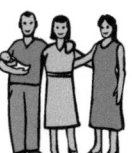

täti
la tía

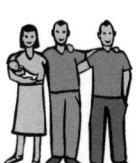

setä
el tío

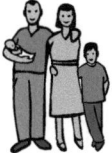

veli
el hermano

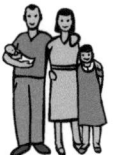

sisko
la hermana

vartalo
el cuerpo

otsa
la frente
silmä
el ojo
olkapää
el hombro
sormet
el dedo
kasvot
la cara
leuka
la barbilla
käsi
la mano
jalka
la pierna
rinta
el pecho
käsivarsi
el brazo

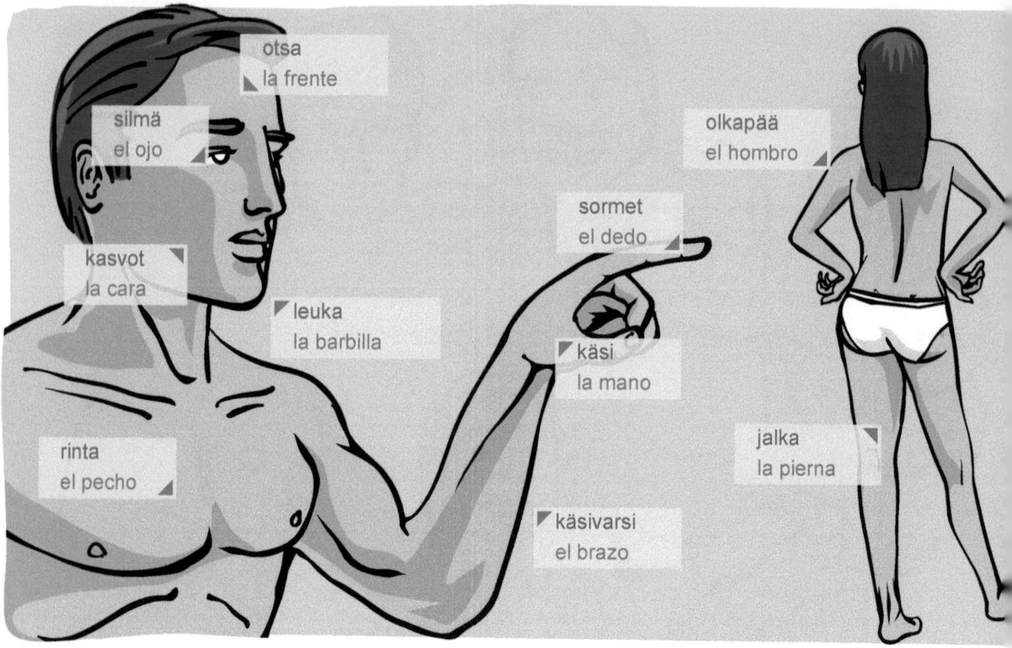

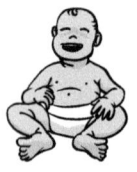

vauva

el bebé

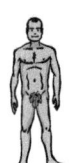

mies

el hombre

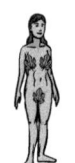

nainen

la mujer

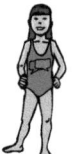

tyttö

la niña

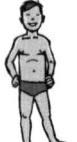

poika

el niño

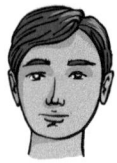

pää

la cabeza

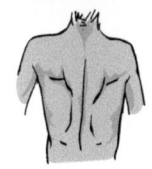

selkä

la espalda

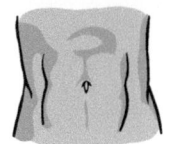

maha

la barriga

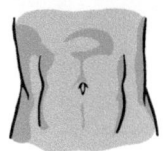

napa

el ombligo

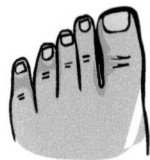

varvas

el dedo del pie

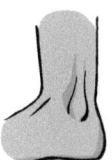

kantapää

el talón

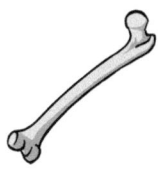

luu

el hueso

lantio

la cadera

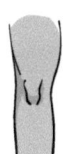

polvi

la rodilla

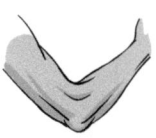

kyynärpää

el codo

nenä

la nariz

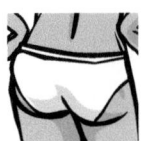

takapuoli

las pompis

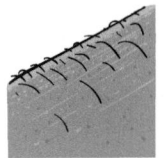

iho

la piel

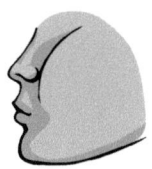

poski

la mejilla

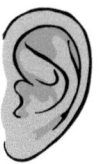

korva

el oído

huuli

el labio

suu

la boca

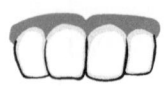

hammas

el diente

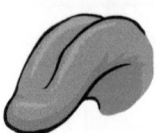

kieli

la lengua

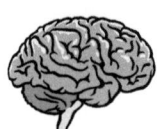

aivot

el cerebro

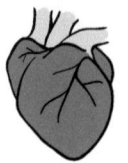

sydän

el corazón

lihas

el músculo

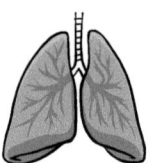

keuhkot

el pulmón

maksa

el hígado

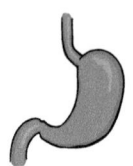

vatsa

el estómago

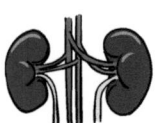

munuaiset

los riñones

seksi

el sexo

kondomi

el condón

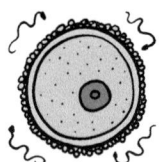

munasolu

el óvulo

sperma

el semen

raskaus

el embarazo

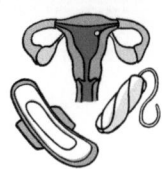

kuukautiset

la menstruación

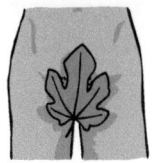

vagina

la vagina

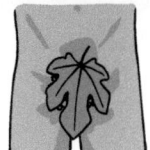

penis

el pene

kulmakarvat

la ceja

hiukset

el cabello

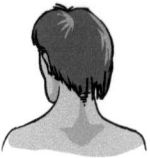

niska

el cuello

sairaala
el hospital

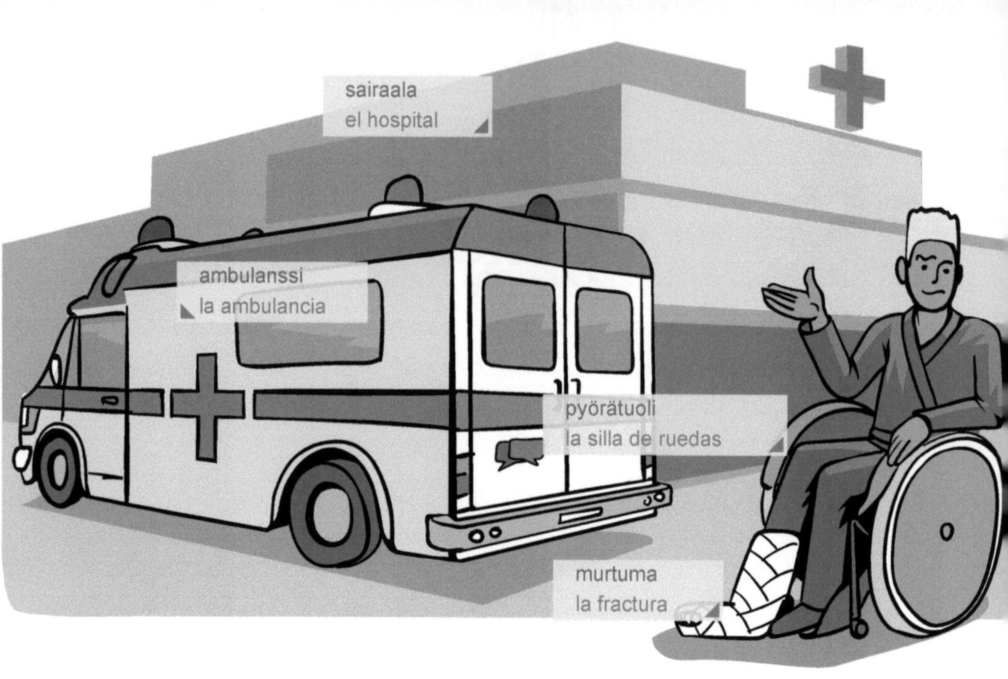

sairaala
el hospital
ambulanssi
la ambulancia
pyörätuoli
la silla de ruedas
murtuma
la fractura

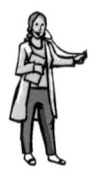

lääkäri

el médico

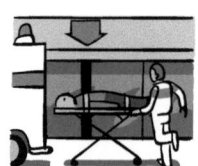

ensiapu

la sala de emergencias

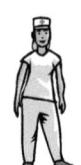

sairaanhoitaja

la enfermera

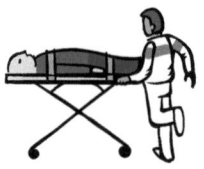

hätätilanne

la emergencia

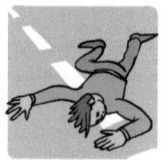

tajuton

inconsciente

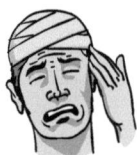

kipu

el dolor

vamma

la lesión

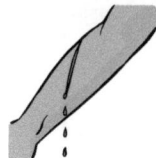

verenvuoto

la hemorragia

sydänkohtaus

el infarto

aivoinfarkti

el accidente
cerebrovascular

allergia

la alergia

yskä

la tos

kuume

la fiebre

flunssa

la gripa

ripuli

la diarrea

päänsärky

el dolor de cabeza

syöpä

el cáncer

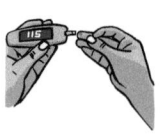

diabetes

la diabetes

kirurgi

el cirujano

veitsi

el bisturí

leikkaus

la operación

ct

TC

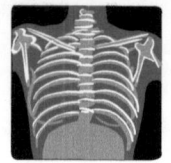

röntgen

los rayos x

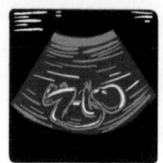

ultraääni

el ultrasonido

maski

la mascarilla

sairaus

la enfermedad

odotushuone

la sala de espera

sauva

la muleta

laastari

la vendita

side

el vendaje

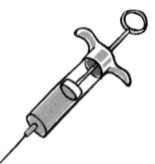

pistos

la inyección

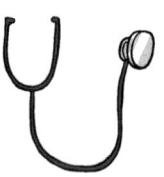

stetoskooppi

el estetoscopio

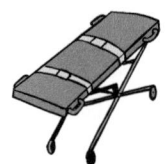

paarit

la camilla

kuumemittari

el termómetro

syntymä

el nacimiento

ylipaino

el sobrepeso

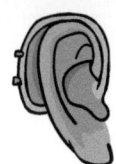

kuulolaite
el audífono

desinfiointiaine
el desinfectante

infektio
la infección

virus
el virus

HIV / AIDS
VIH / SIDA

lääke
la medicina

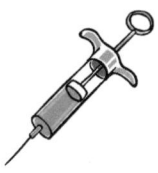

rokotus
la vacunación

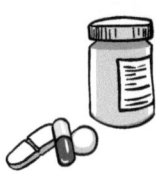

tabletit
las tabletas

pilleri
la pastilla anticonceptiva

hätäpuhelu
la llamada de emergencia

verenpainemittari
el medidor de presión

sairas / terve
enfermo / sano

Apua!

¡Socorro!

hälytys

la alarma

ryöstö

la agresión

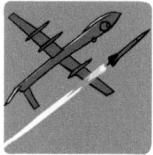

hyökkäys

el ataque

vaara

el peligro

hätäuloskäynti

la salida de emergencia

Tulipalo!

¡Fuego!

palosammutin

el extintor de incendios

onnettomuus

el accidente

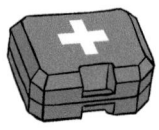

ensiapulaukku

el botiquín de primeros
auxilios

SOS

SOS

poliisilaitos

la policía

Eurooppa

Europa

Pohjois-Amerikka

Norteamérica

Etelä-Amerikka

Sudamérica

Afrikka

África

Aasia

Asia

Australia

Australia

Atlantin valtameri

el Atlántico

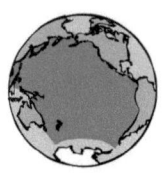

Tyynimeri

el Pacífico

Intian valtameri

el Océano Índico

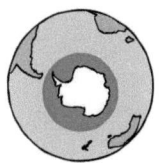

Eteläinen jäämeri

el Océano Antártico

Pohjoinen jäämeri

el Océano Ártico

pohjoisnapa

el polo norte

etelänapa

el polo sur

Antarktis

la Antártida

maa

la tierra

maa

la tierra

meri

el mar

saari

la isla

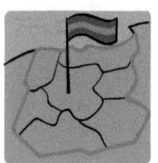

kansa

la nación

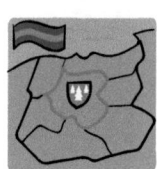

osavaltio

el estado

kellotaulu

la esfera

tuntiviisari

la manecilla de las horas

minuuttiviisari

el minutero

sekuntiviisari

el segundero

Paljonko kello on?

¿Qué hora es?

päivä

el día

aika

la hora

nyt

ahora

digitaalikello

el reloj digital

minuutti

el minuto

tunti

la hora

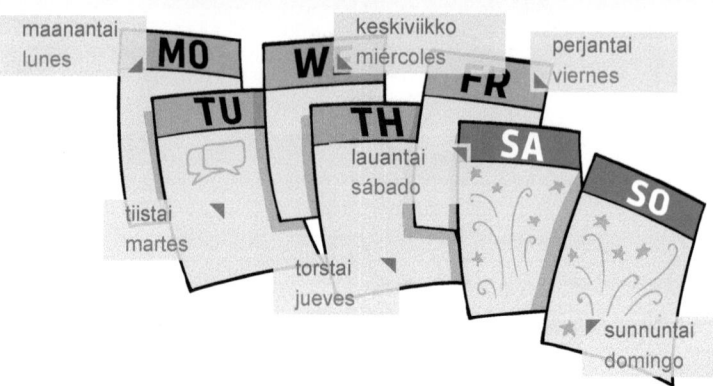

maanantai
lunes

keskiviikko
miércoles

perjantai
viernes

tiistai
martes

lauantai
sábado

torstai
jueves

sunnuntai
domingo

eilen
....
ayer

tänään
....
hoy

huomenna
....
mañana

aamu
....
la mañana

keskipäivä
....
el mediodía

ilta
....
la tarde

MO	TU	WE	TH	FR	SA	SU
1	2	3	4	5	6	7
8	9	10	11	12	13	14
15	16	17	18	19	20	21
22	23	24	25	26	27	28
29	30	31	1	2	3	4

työpäivät
....
los días laborables

MO	TU	WE	TH	FR	SA	SU
1	2	3	4	5	6	7
8	9	10	11	12	13	14
15	16	17	18	19	20	21
22	23	24	25	26	27	28
29	30	31	1	2	3	4

viikonloppu
....
el fin de semana

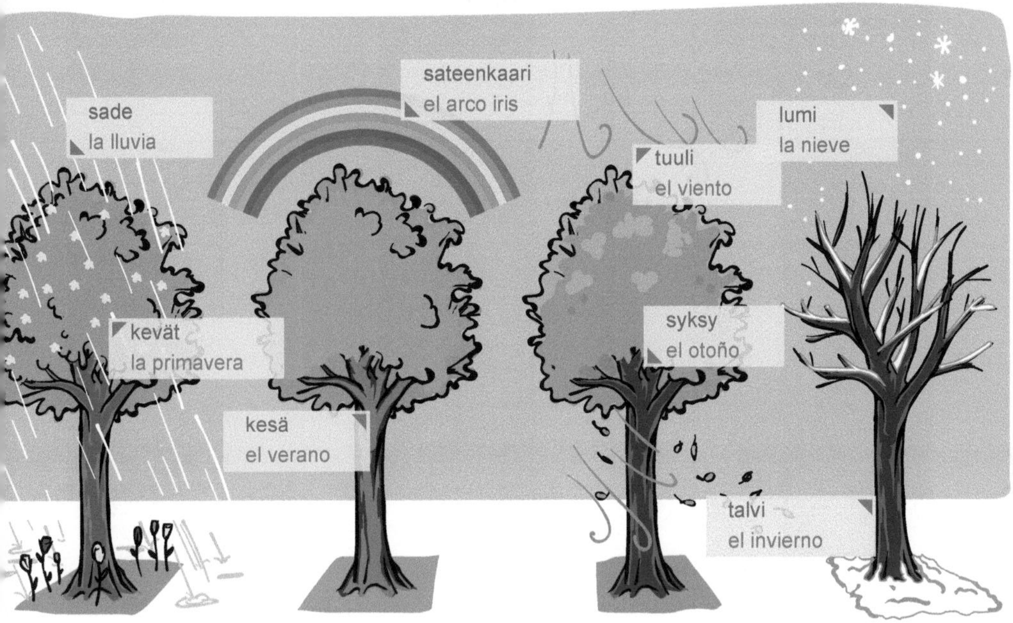

sade
la lluvia
sateenkaari
el arco iris
lumi
la nieve
tuuli
el viento
kevät
la primavera
syksy
el otoño
kesä
el verano
talvi
el invierno

4.APRIL 11°
5.APRIL 4°
6.APRIL 13°
7.APRIL 8°
8.APRIL 10°

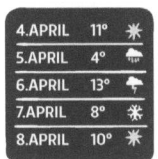

sääennuste

el pronóstico del tiempo

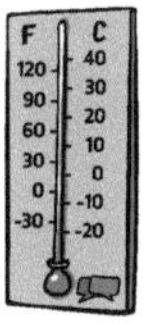

F C
120 40
90 30
60 20
30 10
0 0
-30 -10
-20

lämpömittari

el termómetro

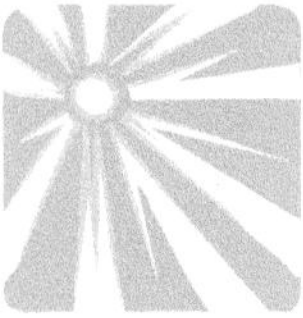

auringonpaiste

el sol

pilvi

la nube

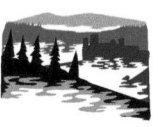

sumu

la niebla

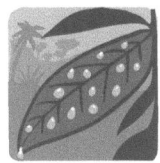

ilmankosteus

la humedad

salama

el rayo

ukkonen

el trueno

myrsky

la tormenta

rae

el granizo

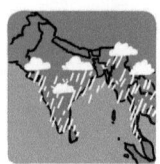

monsuuni

el monzón

tulva

la inundación

jää

el hielo

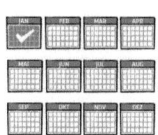

tammikuu

enero

helmikuu

febrero

maaliskuu

marzo

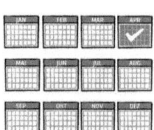

huhtikuu

abril

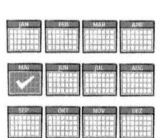

toukokuu

mayo

kesäkuu

junio

heinäkuu

julio

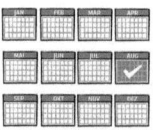

elokuu

agosto

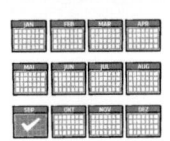

syyskuu
....
septiembre

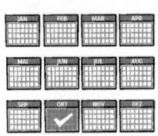

lokakuu
....
octubre

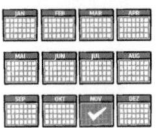

marraskuu
....
noviembre

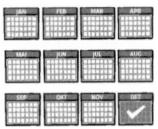

joulukuu
....
diciembre

muodot
las formas

ympyrä
....
el círculo

neliö
....
el cuadrado

suorakulmio
....
el rectángulo

kolmio
....
el triángulo

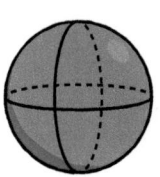

pallo
....
la esfera

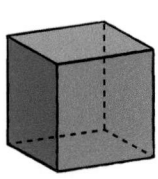

kuutio
....
el cubo

valkoinen

blanco

keltainen

amarillo

oranssi

naranja

vaaleanpunainen

rosa

punainen

rojo

violetti

morado

sininen

azul

vihreä

verde

ruskea

marrón

harmaa

gris

musta

negro

paljon / vähän
mucho / poco

vihainen / ystävällinen
enojado / tranquilo

kaunis / ruma
bonito / feo

alku / loppu
principio / fin

suuri / pieni
grande / pequeño

vaalea / tumma
claro / oscuro

veli / sisko
el hermano / la hermana

puhdas / likainen
limpio / sucio

täydellinen / epätäydellinen

completo / incompleto

päivä / yö
el día / la noche

kuollut / elävä
muerto / vivo

leveä / kapea
ancho / angosto

syötävä / syömäkelvoton

comestible / no comestible

paha / kiltti

malo / amable

innostunut / tylsistynyt

entusiasmado / aburrido

lihava / laiha

gordo / delgado

ensimmäinen / viimeinen

primero / último

ystävä / vihollinen

el amigo / el enemigo

täysi / tyhjä

lleno / vacío

kova / pehmeä

duro / blando

painava / kevyt

pesado / ligero

nälkä / jano

el hambre / la sed

sairas / terve

enfermo / sano

laiton / laillinen

ilegal / legal

älykäs / tyhmä

inteligente / tonto

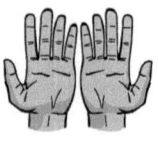

vasen / oikea

izquierda / derecha

lähellä / kaukana

cerca / lejos

uusi / käytetty

nuevo / usado

ei mitään / jotain

nada / algo

vanha / nuori

viejo / joven

päällä / pois päältä

encendido / apagado

auki / kiinni

abierto / cerrado

hiljainen / äänekäs

silencioso / ruidoso

rikas / köyhä

rico / pobre

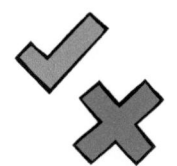

oikein / väärin

correcto / incorrecto

karhea / sileä

áspero / suave

surullinen / iloinen

triste / contento

lyhyt / pitkä

corto / largo

hidas / nopea

lento / rápido

märkä / kuiva

húmedo / seco

lämmin / viileä

caliente / frío

sota / rauha

guerra / paz

0	**1**	**2**
nolla	yksi	kaksi
cero	uno	dos

3	**4**	**5**
kolme	neljä	viisi
tres	cuatro	cinco

6	**7**	**8**
kuusi	seitsemän	kahdeksan
seis	siete	ocho

9	**10**	**11**
yhdeksän	kymmenen	yksitoista
nueve	diez	once

12

kaksitoista
doce

13

kolmetoista
trece

14

neljätoista
catorce

15

viisitoista
quince

16

kuusitoista
dieciséis

17

seitsemäntoista
diecisiete

18

kahdeksantoista
dieciocho

19

yhdeksäntoista
diecinueve

20

kaksikymmentä
veinte

100

sata
cien

1.000

tuhat
mil

1.000.000

miljoona
el millón

englanti

el inglés

amerikanenglanti

el inglés americano

mandariinikiina

el chino mandarín

hindi

el hindi

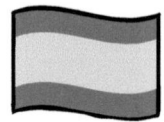

espanja

el español

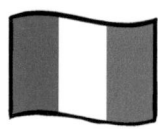

ranska

el francés

arabia

el árabe

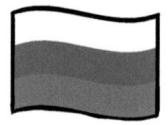

venäjä

el ruso

portugali

el portugués

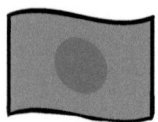

bengali

el bengalí

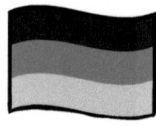

saksa

el alemán

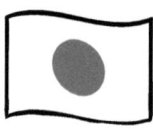

japani

el japonés

minä

yo

sinä

tú

hän

él / ella

me

nosotros

te

vosotros

he

ellos

kuka?

¿quién?

mitä / mikä?

¿qué?

miten?

¿cómo?

missä?

¿dónde?

milloin?

¿cuándo?

nimi

el nombre

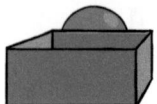

takana

detrás

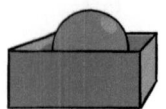

sisällä

en

edessä

delante de

yläpuolella

por encima de

päällä

sobre

alapuolella

debajo de

vieressä

junto a

välissä

entre

paikka

el lugar